Shekel HaKodesh

Preludio

Oh sabio, tenlo en cuenta en todo momento, sí, todos los días, ya sea de semana o de fiesta, sábado o luna nueva, y encontrarás en 'El Santo Siclo' toda buena calidad, más preciosa que el oro, sí, que el oro fino.

El objeto de este trabajo es aclarar el proverbio y la parábola, el conocimiento y el consejo, las palabras de los sabios y sus dichos oscuros, las máximas de los sabios y hombres de entendimiento y sus vanidades.

Yo, José el hijo de Isaac, de apellido Kimchi, los he pesado en la balanza de la Santa Lengua, midiéndolos en versos; Los encontré originalmente esparcidos aquí y allá, algunos en árabe y otros en hebreo, y los he pesado para que se puedan entender fácilmente, tanto en lo que respecta a la materia como al lenguaje.

Por lo tanto, he llamado al libro "El santo siclo", reuniendo los proverbios y máximas que se parecen entre sí, en sus capítulos correspondientes; hay en los 22 capítulos, de acuerdo con el número de letras de la Torá (*es decir* , el alfabeto hebreo). He resumido los versos de todos y cada uno de los capítulos al final del mismo, el número está contenido en las palabras finales que suenan de manera similar del pareado final, una línea de la cual establece el tema y la otra el número de rimas. para beneficio de los sabios y entendidos.

El sabio oirá y reunirá doctrina y habla, y el hombre de entendimiento adquirirá prudencia.

Ahora, digo, el alma vital (de la Sabiduría) está más allá de los cielos en duración. Toma piedras de molino de las montañas de la Inteligencia y muele con ellas la harina del Pensamiento, y habiendo hecho toda la preparación debida para la comida dulce y la rica comida, prepara tu comida (espiritual) y mezcla tu vino (etéreo), para que su fragancia pueda fluir. como mirra en el rostro de todo hombre.

Considere bien estas rimas. No pueden compararse con los adornos del oro más selecto, ni siquiera del oro de Parvaim; son como hileras de piedras preciosas engastadas en un hermoso diseño de lino fino, un deleite tanto para los ojos como para el corazón; Los he ordenado en verso, no pesándolos en la balanza material, sino poniéndolos en equilibrio en mi mente, y esto para la hija del hijo de Kimchi.

Las chispas de la instrucción ardiente resplandecen como una antorcha; por tanto, apriételas no con tenazas, sino con el corazón. Tales versículos están escritos en la tabla del corazón del hombre; por tanto, ponlos sobre estas tablas.

Sobre la sabiduría

La sabiduría da vida a quien la posee, pagando la recompensa de Dios por su servicio. Por la sabiduría el hombre adquiere los días de esta vida, un buen nombre y honra después de la muerte.

La lluvia del cielo revive la semilla en la hora en que cae; pero si cae demasiado, seguramente matará la semilla. También la sabiduría, el corazón del sabio revive; pero cuanto más crece, más seguro conducirá a la vida eterna.

No te entristezcas cuando perezcan tus riquezas, si permanecen tu sentido y tu honor; porque ¿por qué habrías de suspirar por la vaina, cuando tu mano retiene la espada?

¿Quién está preparado para ser rey del mundo, el barco como marinero o el capitán para guiar? El que es sabio en todas las cosas, está alerta al decidir, soportando mucho en la búsqueda de la sabiduría.

¿Por qué el que reúne la sabiduría, aquel cuya mano se aferra a la verdad, temer al oso, al león o al áspid, al veneno del dragón oa cualquier cosa que haga daño? Desanimado, si tu buen juicio falla, tal pérdida nunca se recuperará; por tanto, mantén tu sentido para siempre; una vez que se haya ido, no volverá a aparecer.

El hombre a quien Dios ha agraciado con mucho conocimiento, no necesita preocuparse por la riqueza o las posesiones; es la paz que marca el fin del sabio; el fin de la riqueza es amargo y triste remordimiento. Busca entendimiento, busca sabiduría y no mires el asunto; investigue su valor oculto, su tesoro y su belleza.

En verdad, como un hombre sin esposa es miedo sin sabiduría; pero la sabiduría sin miedo es como una mujer sin cónyuge. El entendimiento sin sabiduría es como un arco sin cuerda; pero el hombre en quien se encuentran estos dos siempre "se elevará de más en más".

Ningún hombre es considerado grande por la fuerza de su cuerpo, sino por el brillo de su mente, su sabiduría y su prudencia. No falta el que quiere pan; Quien quiere la sabiduría, quiere mucho, le falta lo que sustenta la vida.

He aquí que la sabiduría puede encontrarse en el estado pobre y desamparado, así como en la abundancia de la riqueza y el poder de este mundo; así como este campo producirá todo trigo, mientras que el vecino producirá zarzas y zarzas.

Si es la sabiduría lo que amas, elige la acción recta y odia la rebelión. Sepa, la sabiduría es como un árbol, la acción es su fruto. La sabiduría (teoría) unida a la práctica conducirá al hombre al día de su muerte; pero el conocimiento, de donde no fluyen acciones (muere con él), no deja secuelas.

Elige el asiento de los sabios, y los hombres te honrarán por tu buen juicio y te alabarán con toda su amplitud. Cuando erres, te enseñarán; y cuando quieras vacilar, te harán entender y te guiarán por el camino recto.

El conocimiento y la acción son gemelos por nacimiento, uno dando gloria al otro. Acción sin entendimiento, ¿cómo puede ser pura? Y donde no hay acción, ¿qué recompensa tiene el entendimiento?

Prefiero dejar la sabiduría por necedad y falta de conocimiento que, sabiendo lo que es correcto, abandonarlo con desprecio.

A un hombre, sabio en su tiempo, se le preguntó una vez: "¿Cómo es que superas a todos los demás en sabiduría?" Y él respondió: "No gasté lo que tenía en el jugo de uva o vino, después de la medianoche se gastó".

Verdaderamente el cuerpo del hombre sin sabiduría es como casa sin base, como campo en el que la espina brota en el surco.

¿Puedes encontrar en el hombre una cualidad superior a la que reconoce la medida de su posición, de modo que cuando hable, hablará a todos los hombres de acuerdo con su regla y reglamento?

Un hombre de sabiduría continuará en la búsqueda de la sabiduría, buscando el conocimiento dondequiera que pueda habitar o mantenerse. No hay tonto igual a él que puede pensar que ha terminado y completado sus estudios.

Obtén sabiduría y no digas que tienes lo suficiente para sostener plenamente con ella la posición que ocupas; porque debes saber que la riqueza sin sabiduría se perderá, de modo que dejará de existir, y tú permanecerás despojado de todas las cosas; mientras que el que se afana en la búsqueda de la sabiduría y se inclina para buscar y encontrar una que le ilumine, puede estar mañana en la senda de elevarse más alto; y, habiendo sido la cola antes, puede elevarse para convertirse en la cabeza.

Los reyes pueden gobernar el mundo, pero los sabios gobiernan a los reyes. Los entendidos se deleitan en su sabiduría, pero los necios se deleitan en su necedad.

La ceguera del corazón es ceguera en verdad; inclina, pues, el oído a escuchar; porque ¿de qué sirve el ojo abierto, si el corazón mismo está cerrado?

Cuántos hombres hay en el mundo que, al hacer su aparición, infunden terror; pero cuando una vez comienzan a hablar, ¿se cree que no son más que mudos?

Hay hombres de estatura y estatura, hombres de músculos, capaces de blandir la lanza y la lanza; pero ¿de qué les sirve sin conocimiento, careciendo por completo de entendimiento y sabiduría?

Si algo es claramente bueno, que el sabio se apodere de él; si claramente hace daño, que se aleje de él; si es dudoso que sea bueno o malo, que eche su carga sobre el Señor.

Un hombre que se une con sabiduría y humildad, encontrará que entre todas las cualidades se destaca por encima de todo. Así también será respetado y honrado el que en todo tiempo une el perdón con el poder.

El estudiante trabajador cuyo objetivo constante es fortalecerse en sus estudios, incluso caminar en el camino de la sabiduría, no es probable que posea dos cosas: un rostro grasiento o un cuerpo corpulento.

Hijo mío, si quieres ser sabio, elige cuatro cosas y ten cuidado de no descuidar la quinta: aprende; si esto no puede ser, sea un aprendiz, un oyente, sea amante de la ley y no sea demasiado dado a la amargura.

Al buscar la sabiduría de manos de los sabios, no tardes en hacer preguntas. No te avergüences de confesar: "No sé", si no entiendes la profundidad de un asunto. Si superas este sentimiento de timidez, con el tiempo serás reconocido y estimado por aquellos entre los que te muevas.

No te regocijes cuando los hombres te honren por tu riqueza y poder; porque cuando huyan de ti tus honores, también huirán sus lisonjas. Que sea muy dulce para ti, si obtienes el honor de ganar de esa preeminencia que se mueve contigo, incluso cuando estás vagando por el extranjero.

Al que pregunta: ¿Quiénes son los grandes del mundo, el sabio o el rico? Responde: El que lleva consigo todo lo que tiene, lo que lo sustente, ya sea que cruce el desierto o viaje por mar.

Entonces di: ¿Por qué encuentras que el camino del mundo es que los sabios llamen a la puerta de los ricos? Porque el sabio de corazón, conociendo la necedad de los ricos, hace concesiones a su pobreza en el sentido de la comparación con la suya propia.

Deja de hablar vanidad y de hablar con suavidad; y no te excites en el delantero y torcido. Sin embargo, ¡cuán bueno es para el hombre tener la lengua suave cuando viene a buscar entendimiento y sabiduría!

Los hombres de inteligencia y comprensión dan cinco como el número de puntos a partir de los cuales parten el conocimiento y la sabiduría, a saber, Silencio, Atención, Memoria, Ejercicio y Estudio; éstos forman, por así decirlo, la torre y el muro del edificio.

Hay tres cosas que distinguen a un hombre, y sin la plena posesión de las cuales nadie puede ser llamado "sabio de corazón". Son los siguientes: —Nunca despreciar al hombre que está por debajo de ti en el conocimiento mientras se esfuerza por adquirir conocimiento; nunca tener celos del hombre que puede tener un hogar más rico y una riqueza de tesoros de oro; y nunca pedir pago a alguien cuyo corazón está completamente volcado a la búsqueda de la sabiduría y el conocimiento.

Al indagar por el conocimiento, haga preguntas, aunque den pruebas de locura; pero al guardar el conocimiento, guárdalo como lo harías con el diamante, el ágata o la amatista.

El que se viste con el manto de la timidez mientras busca la sabiduría, mañana se envolverá con el manto de la necedad; Por tanto, rasga este vestido y ponte a la puerta de los sabios, como el pobre a la puerta (de los ricos).

Si un creyente ha perdido alguna forma de conocimiento, que lo busque de la mano de quienquiera que sea; sí, incluso de la mano del escéptico es justo que se restaure su pérdida.

Para buscar conocimiento y buscar sabiduría, viaja por cada ciudad y lugar; porque lo que algunos pueden considerar de poca importancia, otros pueden considerarlo de valor.

Imparte tu conocimiento al que no sabe, y aprende lo que ignoras y lo que no sabes; al hacerlo, mantendrás actualizado el conocimiento que tienes y continuarás adquiriendo información y aprendiendo de nuevo.

El conocimiento grabado en el corazón de los jóvenes es como grabado en piedra; pero si el hombre empieza a aprender en la vejez, es como dejar una huella en la arena.

No hagas violencia al conocimiento para ponerlo en manos de los necios de la sociedad, no sea que cometas un pecado por ello; pero ponlo en manos de los que aman sus caminos, y entonces encontrarás vida y gracia.

En cuanto al sabio de corazón, la pobreza nunca lo degradará, ni la lujuria lo desviará; su conocimiento es como una corona puesta sobre su cabeza, y lo arrastra por el camino de la rectitud. Ten cuidado de observar lo que se te ha mandado, aunque sea un cansancio para la carne; Además, no trates con el impío según sus obras, no sea que se pierda tu recompensa de Dios.

Cuídate de no condenar al patán que disputa tu contienda, cuando conoces su locura e insensatez; más bien, atesora tu sabiduría al hombre de entendimiento; porque si el primero hubiera sido sabio y entendido, se habría deleitado en tus palabras.

En verdad, el conocimiento que no se publica es como un tesoro enterrado en el polvo de la tierra.

La sabiduría sin acción (teoría sin práctica) tiene su asiento en la boca; pero por medio de la acción se fija en el corazón.

El hombre que, a pesar del conocimiento que tiene y de las cosas ocultas aclaradas, transgrede los mandamientos y preceptos de ese conocimiento, es como un médico que se acuesta en su cama por enfermedad y, sin embargo, come alimentos que no le convienen.

Un hombre de conocimiento, que por su sabiduría es útil para otros, pero se descuida a sí mismo, es como un manantial que refresca al sediento, él mismo hirviendo en lodo, fango y suciedad.

Los hombres pueden agruparse bajo cuatro encabezados; considérelos y aprenda de ellos. Hay quien sabe, y se da cuenta de que sabe; es sabio de corazón, aprende de él. Está el que sabe, pero no se da cuenta de que sabe; habla a su corazón con consuelo, y recuérdale eso. Hay quien no sabe, y tiene miedo, porque no sabe; ten piedad de él y dale información. Pero en cuanto al que no sabe, pero cree que sabe, al tonto, rehúyelo y manténgalo lejos.

No digas, yo sé y comprendo con respecto a alguna rama del saber de la que no tienes conocimiento alguno; Guárdate de caer así en una trampa y trampa, no sea que se sospeche de ti por ignorancia incluso en lo que sabes.

Cuando el necio peca, echa la culpa sobre aquel a quien su pecado avergonzó; el hombre de conocimiento y entendimiento se contenta con llevar el peso de su culpa sobre su propia cabeza.

El que habla como si fuera sabio, aunque está completamente desprovisto de toda sabiduría, puede compararse en su necedad con el asno del molino; día tras día da vueltas y vueltas, pero no se mueve de su recorrido, como si tuviera un golpe en los pies.

¿No debería desmayarse tu corazón cuando veas a los eruditos caer en la trampa de los sencillos, a los hombres de honor caer en la desgracia y a los ricos empobreciéndose, habiendo descendido a las profundidades más bajas?

En cuanto al que reprende a otros, por inteligente que sea, si sus propias acciones no son rectas, ¿no caerá su reproche sobre el corazón de sus oyentes como lluvia que cae sobre una piedra?

Atiende a cuatro cosas en persona, y no te consideres demasiado alto, aunque puedas tener cien sirvientes a tu disposición. Atiende a tus invitados; hacer los honores a los eruditos; muestra el debido respeto a tus amados padres; y cuida de los asuntos relacionados con tus establos, aunque puedas conducir parejas y equipos.

El que anda en compañía de sabios, él mismo será honrado y llamado grande y noble; y así el que se une al simple será despreciado, y el que alimenta con el necio será quebrantado.
¡Vea a la Sabiduría entronizada como un rey y a la Belleza como su lugarteniente! La belleza de José fue lo que lo aprisionó en la prisión; su sabiduría fue la que lo llevó a la presencia del rey.

Cuidado con el simplón que es religioso, y el necio que es ceremonial, también con el erudito que no tiene escrúpulos; su esperanza se perderá para siempre.

Una vez, los hombres de su tiempo le preguntaron a un sabio: ¿Quién es el Señor del Universo, nuestro Creador? Él respondió: Está prohibido investigar tal asunto; somos demasiado débiles en nuestra naturaleza y pecaríamos en el intento de sondearla.

El conocimiento es como un árbol que produce buenos frutos; si hay buen fruto en él, todo está en él; si esto no está en él, ¿qué hay en él?

La mejor de las posesiones es el conocimiento; cómprelo para usted mismo de aquellos que lo venden (*es decir,* maestros). El que tiene esto en posesión, ¿qué le falta? Si le falta esto, ¿qué posee?

El tema de estudio inscríbete en tu corazón y repítelo dos y tres veces hasta que lo sepas. El estudio excesivo puede debilitar tu sentido y nublar el intelecto. La lámpara, cuando se recorta, se encenderá de nuevo; alimentado con demasiado aceite, se quemará.

Elige la Sabiduría como tu porción, para que sea *por estandarte* [*] sobre tu cabeza.*["For a standard"=140, the number of lines in this section.]*
[EXPLANATION. As each letter in Hebrew has a numerical value, the letters farming the Hebrew word 'for a standard' amount to 140; and so mutatis mutandis with the italicised expression at the end of each chapter. But they do not stand the test throughout as giving the number of rhyming lines. See p. 1., para. 4.]

Sobre la humildad

La mansedumbre de espíritu es el halo de los sabios; la insolencia es el signo del necio.

Si oyes a alguien hablar insultante de ti, no le hagas caso ni le mires, no sea que oigas que se dicen cosas más crueles de ti, y tropezarás y caerás.

No respondas al insulto de un necio, porque cualquiera que sea el insulto, es menos vil que el que lo profiere. El silencio es la mejor respuesta, porque con el silencio es mejor que lo olvides.

Elige tres cosas para ti, y a través de ellas encontrarás el favor del Creador de todo: Humildad, con la cual dominar toda necedad; Reverencia, por la cual disminuir el pecado; y Conocimiento, enseñando cómo usar la persuasión moral con los hombres mediante el arte del lenguaje bien elegido.

Al mezclarse con los hombres, a menudo es útil ser mudo, aunque capaz de hablar; ser sordo, aunque pueda oír; y ciego, aunque pueda ver. De esta manera serás muy cortejado y serás su jefe y gobernante.

No es de la más alta calidad el que sólo se abstiene de dañar a sus semejantes, sino el que asume una parte de la carga de sus heridas; y, pase lo que pase, sale a recibirlos con semblante alegre.

El discípulo de un sabio, una vez que vio a su Maestro insultado por un tonto, se indignó y, en su ira, pidió permiso para tratar con rudeza e infligir daño corporal al ofensor; a lo que el Sabio respondió: 'No es parte de los sabios permitir que se produzcan pérdidas o daños corporales al prójimo.

El hombre que tiene mucho conocimiento y humildad es llamado bienaventurado por todos los que lo miran; porque por los dos disminuye el número de sus enemigos, y aumenta su banda de seguidores.

El Sabio dijo: "Levantaré mi alma" (*es decir* , puedo jurar) "que no se hallará falta en mí cuando mi humildad se pese en la balanza".

El fin de toda contienda y contienda es el arrepentimiento; pero el fin de la humildad es fortaleza y posesión.

Si un hombre no puede controlarse a sí mismo, ¿cómo puede influir en el alma de otro hombre?

Cuando en la enemistad un hombre se burla de las palabras dichas en alabanza de ti, deja la amistad sin perturbar hasta el día siguiente; olvídate de la palabra de reproche del día, y tal vez hayas convertido a un enemigo en un amigo.

Prepárate a tiempo para doblar la rodilla e inclinar tu cuerpo; ten cuidado de no ser holgazán en él. Cuando, con su mano, los hombres te arrojen una piedra, inclínate, entonces harás que pierdan su puntería, y así escaparás.

Soportar el dolor es reducirlo a la mitad; intentar apartarlo es aumentarlo.

Habiendo dicho todo lo que has dicho en el reproche de otro, no le guardes más rencor; dejar espacio para la reconciliación.

No busques un puesto gobernante en tu ciudad y nunca menosprecies a tus inferiores.

Oh hombre, si alguien quisiera honrarte con palabras lisonjeras y falsas, esfuérzate hasta que te sean aplicadas con toda veracidad. No confíes en nadie que te atribuya obras de mérito que no hayas realizado. Y si tus semejantes te alaban por alguna preeminencia que no está en ti, apártate de su compañía.

Sé humilde y humilde de espíritu en medio de la grandeza de tu gloria; y no te preocupes por la fortuna que nunca ha llegado a tus manos.

Cuando un hombre discierne en otros alguna ventaja que no tiene, entonces es el momento de regular el sentido de humildad dentro de él. Si, por ejemplo, ve a uno más rico que él, que piense que el otro es un gran hombre y superior a él en justicia. Si observa a un pobre, que piense que es pobre y humilde, y que sus oportunidades para pecar son, por lo tanto, cada vez más escasas. Si ve a un anciano, uno lleno de años, diga: Verdaderamente sus días se deben a su devoción al cielo. Cuando mire a un joven, comprenda que sus transgresiones han sido pocas y que su culpa es leve. Si ve a alguien mejor informado, considere que es puro e inocente en su inteligencia. Y si considera a los ingenuos, que piense:

Me inclino por el camino de la humildad, y así *mi corazón* * ganará entendimiento.*["My heart"=42, the number of lines in this section.]*

Sobre la abstinencia

Sentir demasiado cariño por este mundo y por lo que hay en él provoca la ira del cielo. Si sacrificas este cariño, estarás seguro de la gloria y la gracia de tu Dios.

Todo el esfuerzo del hombre en este mundo es solo por honor, riquezas y comodidad; y, sin embargo, el que ama demasiado esta vida a menudo se aleja mucho de ellos y está más estrechamente ligado al dolor y al suspiro.

No te preocupes por las reservas acumuladas, por las riquezas acumuladas de antaño, temiendo que los hombres te las roben cuando te roben tus bienes y riquezas.

Deja lo que no requieres, toma lo que necesitas; entonces la gloria de Dios será tu recompensa, y la buena fortuna será tu recompensa.

En el día de la felicidad, piensa en el dolor, y en el día del mal, espera en Dios, que te librará de la opresión de la angustia y la enfermedad.

¡Vea la ventaja de la pobreza sobre la riqueza! Sé sabio y siéntete avergonzado y avergonzado; porque ningún hombre se rebela contra la Palabra de Dios al intentar empobrecerse, pero sí lo hace en el esfuerzo por enriquecerse.

Dile al hombre que tiene mucha provisión: "¿Te han concedido años suficientes para gastar tu tesoro?"

Pregúntale al hombre que se ha hecho rico, si también se ha asegurado de los años de su vida.

Hay cuatro causas de dolor que afectan a los hombres en este mundo: cuando la pobreza no puede liberarse por sí misma, para volverse fuerte en razón de la riqueza; cuando la ocupación no deja tiempo para el ocio y siempre involucra a un hombre; cuando no hay fin al anhelo de un hombre por algo que nunca podrá obtener; y cuando hay un cuidado incesante, que llega hasta el final y acaba.

Un hombre de entendimiento que se estima a sí mismo pensará poco en el esplendor de este mundo.

El hombre de este mundo puede compararse con el fruto de un árbol; mientras madura, es recolectado por quienes lo encuentran; cuando madura, es anhelado y disfrutado por quienes lo ven; mientras que si no se recoge, cae, y las bestias la pisotean.

En los días de la juventud, teme el día de la muerte y apártate del pecado; porque sobre camellos viejos se llevan pieles de ovejas jóvenes. Cuando los corderos y los carneros están pastando, muchos de los jóvenes perecen, y así, sobre los hombros de los ancianos, se llevan a la tumba los ataúdes de muchas vidas jóvenes.

Cuando un mortal sale de este mundo, los hombres valiosos preguntarán: ¿Qué vida llevó? Pero los que sólo piensan en la tierra preguntan: ¿Cuánto legó a sus hijos?

¿No es el hombre en este mundo, por accidente y nacimiento, como una criatura rodeada de serpientes a cada paso? Dondequiera que va, donde viene, ponen en peligro todos sus caminos; con miedo constante, teme que ahora, por éste o por otro, sea atacado de repente.

El que se mortifica a sí mismo, pensando siempre con deleite en su fin último, preservará su vida para la eternidad; mientras que si lo mantiene vivo solo para el placer de este mundo, que sepa y comprenda que de esta manera mata la vida que hay dentro de él.

¡Cuídense y lloren por la mortalidad del hombre, y no se regocijen con las bromas de la vida!

Proclame a la gente día tras día el mensaje; allí se sientan en silencio, no responden, ni escuchan…. Pero cuando llegue el Día del Juicio, forzosamente se levantarán y estarán en presencia de su Hacedor, llamados a dar cuenta de sus malas acciones.

El hombre cuyo único deleite está en este mundo puede compararse con un perro chupando huesos; pensando que está chupando sangre del hueso, chupa la sangre de sus propios labios.

El hombre que adora esta vida y no sirve a su Dios, siempre será el perdedor, aunque crea que gana. De hecho, será despojado de todo lo que haya hecho el día en que se cambie de ropa y se ponga otras vestiduras.

Cuando habites en este tu mundo, piensa que vivirás para siempre; cuando pienses en el final de esta vida, piensa que mañana se te escapará.

La justicia es, en verdad, la salud del alma; la maldad es su muerte.

Quien anhela su fortuna en la vida, muestra que está enojado con su Hacedor que lo formó.

Se puede decir que el hombre que puede reírse de un solo cuidado ha logrado que el Cielo cumpliera el deseo de su vida.

El hombre que, aunque el mundo lo estima mucho, piensa muy poco de sí mismo, seguramente será liberado y liberado de las garras de lo que perjudica y obstaculiza.

Enorgullécete de la ganancia que ya has obtenido; Ten remordimiento por las cosas que has descuidado intencionalmente.

Deja toda ganancia que mengua y cesa, y toma la que sigue y aumenta.

Que el hombre en vida, mientras está sano y tranquilo, reconozca y sepa que la brecha puede llegar a ser tan grande como el mar; porque ¿cómo puede el hombre permanecer íntegro y fuerte, viendo que la Muerte está siempre colgando de su cuello?

Un sabio, al observar a un hombre lleno de preocupación, le preguntó así: "¿Por qué en un pensamiento tan profundo? Si te preocupan las cosas terrenales, tienes poco que esperar, porque a la muerte te separarás de ellas. estás ansioso por tu fin postrero, entonces yo digo, ¡que Dios aumente tu cuidado! "

Si, con verdadera sabiduría, pruebas el mundo en el que vives, reflexionando sobre él, probándolo y escudriñándolo, ciertamente lo encontrarás como un enemigo, con la máscara y el manto de un amigo.

¿No deberías temer, oh hombre prevenido, cuando, sin la debida provisión, partas hacia un país lejano, y careciendo de todas las cosas, desciendas al pozo de la destrucción, el lugar de angustia y aflicción, condenado a estar delante de tu Creador en el Día del Juicio, para responder por la transgresión del precepto y el mandato?

No codicies la riqueza de los hombres y sus posesiones, llenas como están sus vasijas de opresión y violencia. ¡Cuántos hombres recogen riquezas que van a sus enemigos, incluso a los amantes de sus mujeres!

El que reduce sus ofrendas voluntarias y da cada vez menos en caridad, no es más que reunir y acumular riquezas para engrandecer los tesoros ajenos.

Teme que acumules para ti los pecados y legas el dinero a tus herederos.

En cuanto a las preocupaciones y calamidades que el tiempo trae consigo, y todos los sucesos de la vida, considéralas como sueños y piensa en ellas como si nunca hubieran existido; pero no dejes de preparar alimento para el alma y alguna provisión para el espíritu.

Nadie está seguro de su sustento y, por lo tanto, nunca está libre de preocupaciones.

Si en todos sus días aquí, persiguiendo vano trabajo, el hombre no obtiene su voluntad y su deseo, ¿cómo puede lograr su voluntad en ese mundo por el que no tuvo sentimientos y por el cual nunca corrió?

El hombre que revela su defecto a todos olvida el honor de su propia alma; pero del que se aparta del amor de este mundo, se puede decir verdaderamente que glorifica el espíritu dentro de él.

Deje que el hombre establezca sus cosas secretas, y su Creador regulará las cosas reveladas. Si atiende a su último fin, Él en las alturas alargará los años de su vida.

El que quisiera preservar su vida debería recordar la hora de la muerte; y mientras aún esté en su día, tema la llegada de *su noche.* **["His night"=76, the number of lines in this section.]*

Sobre la modestia y la vergüenza

Los inocentes y avergonzados son conocidos por su comportamiento; son los que sienten vergüenza incluso cuando no hay nadie cerca.

Ten consideración por el valor de tu juicio y tu erudición, no sea que tu conciencia se levante y te reproche. Organiza cuidadosamente tus provisiones y la abundancia de tu tesoro, de modo que puedas distribuir alegremente tus cuotas, incluso tus regalos.

La modestia del hombre puede verse en la unión de la mansedumbre y el conocimiento, en la observancia de la ley y el precepto moral, en sus métodos de vida y en la paciencia de los acontecimientos y accidentes que le acontecen en la vida.

Es parte del hombre modesto, que moldea bien sus acciones, conducirse a través de la vida como es debido, nunca hacer nada en secreto que se avergonzaría de hacer abiertamente.

Se puede decir que la modestia del hombre consiste en mantenerse alejado de la pecaminosidad, de modo que en todo momento sus vestidos sean blancos, esforzándose por proveer de lo que llega a su mano para sus propias necesidades, y para legarlo a sus hijos.

La modestia puede tomar cuatro formas: —La de saludar a un amigo con sinceridad, la de unirle con afecto, la de cumplir su deseo en todo momento según el poder de uno, y la de estar siempre encantado de tratar caritativamente con él.

La modestia es una cualidad muy deseable; siempre se puede discernir en su rostro con corazón generoso;

mientras que su opuesto es tal que causa dolor y tristeza en el corazón de su poseedor.

En cuanto al hombre que se viste con el manto de la modestia, sus imperfecciones serán, en verdad, cubiertas y disimuladas; pero el que se despoja de ellos, aclarará esos defectos a los ojos del hombre, para que los recuerde; es más, tal persona no se reunirá en torno a él como sus asociados, sino el burlador inútil y el tipo humilde.

Fidelidad y Modestia son dos hermanas, una dando testimonio de la otra; en todo momento unidos, como la cáscara de la cebolla, uno abrazando al otro.

Compórtate siempre con modestia y vergüenza al pasar los años de tu peregrinaje aquí, y *ve* * el camino recto.*["See thou"=20, the number of lines in this section.]*

Sobre la abnegación

Vino la Palabra de Dios a la Madre Tierra: "¡Escuchad mi voz!" Y prometió apoyar su tarea, si los hombres, como siervos verdaderos y fieles del Dios de las alturas, trabajaban la tierra con diligencia.

¿Quién es el hombre de sabiduría, que con razón puede jactarse de sabiduría? Es él quien, reconociendo la cosa pecaminosa, se mantiene apartado de ella.

El hombre sensato que busca y busca mantenerse firme, no descansará hasta que rechace su deseo y lo aleje por completo.

¡Oh hombre de entendimiento! No tengas confianza hasta que tu sentido haya conquistado tu deseo. Si por tu propio deseo no puedes gobernar, ¿cómo puedes gobernar sobre los demás?

Ningún hombre puede ser considerado recto hasta que los deseos de su alma pecaminosa sean considerados por él como abominaciones tan abominables como el ratón y otras cosas inmundas.

Las cosas prohibidas pueden clasificarse en tres categorías diferentes; dales tu atención, y fácilmente los discernirás. Hay cosas que anhela tu alma, que debes mantener a distancia; algunas cosas pueden estar prohibidas por las que no deseas, déjalas en paz; también están prohibidas algunas cosas que, incluso si se permitieran, harían que el alma del hombre retrocediera ante ellas.

Bienaventurado el hombre que se divorcia de su deseo de la gloria de lo que no viene ni aparece; porque nadie se arrepentirá de haber sofocado, para gloria de Dios, el deseo que lo asaltó.

En cuanto al hombre que no domina su deseo, su fin será todo malo y amargo; y, como picado en el talón por la víbora, será lo que le traiga el día, su dolor será cada vez mayor y más agudo.

Si buscas consejo, y no encuentras el consejero en quien puedes confiar, entonces apártate de lo que tu deseo incita, no sea que por ti mismo extiendas la red de la destrucción. ¡He aquí, el deseo de tu buen juicio acecha, cuando el sentido cierra su oído y cierra su ojo!

Si no fuera por tres consideraciones, las cosas le irían bien al hombre, y su correcto hacer estaría asegurado, a saber (la impotencia de) la vejez (para impresionar sus experiencias); la terquedad con la que se engalana el orgullo; y el deseo del hombre que le sobreviene, y no es vencido.

El que acepta el consejo del deseo de su corazón, en un breve momento destruirá el gozo de su corazón; pero el que se rebela contra los impulsos del deseo recibirá la debida honra y, elevándose, demostrará ser el vencedor y será ayudado.

No luches con un avaro, que se deleita en guardarte y retener su riqueza; Lucha más bien con tu propio deseo, lucha contra él y esparce tu fiera pasión.

Siempre es así; mientras el consejo duerme, la pasión despierta, vigilando a todas horas y horas. Si se supera el sabio consejo, la pasión creciente mostrará su frente descarada.

Si en el bien del niño comienza su vida, continuará así hasta la vejez; el que pecare en su juventud, seguirá siendo pecador hasta la muerte.

¿Hasta cuándo, oh hombre, tu corazón aún se adormecerá? ¿Cuándo despertarás de tu sueño? Las batallas del mundo se van, fortalecete y lucha con tu deseo la buena batalla.

Pero si tú, demasiado aficionado al mundo bello, a sus placeres cedes el paso, comprendes, al gran dolor de tu corazón, tu remordimiento crecerá rápidamente.

La pasión y la ceguera entre sí como pareja se aferran, están atrapadas en el abrazo del otro; unidos para destruir la hermosa fuerza de la virilidad, se asocian siempre y nunca se separan.

Quien reciba las pruebas del cielo con espíritu alegre, siempre obtendrá el gozo que trae consigo el verdadero descanso; mientras que el que se inquieta por lo que la hora pueda traer, nunca quedará libre de suspiros y dolores.

La fe en todas las cosas es alta; es único y de primera calidad. Donde hay fe, hay suficiente gracia y riqueza, de sustancia fuerte y de servicio pleno.

No vendrá en proporción a la prisa de uno la comida, ni la ración diaria; si elude tu agarre y te deja, búscalo hasta que lo encuentres de nuevo.

¡Qué necio es aquel a quien el juicio y el gobierno de Dios desprecian! No hay cura para una locura como la suya. Cuando llegue su momento, de nada le servirá mostrar un semblante triste, o traicionar la ira y el enfado.

Pondré a Dios delante de mí, para que no se pierda mi esperanza. Resolveré *en mi corazón* * hacer firme mi camino.*["In my heart"=46, the number of lines in this section.]*

Sobre la confianza y la desesperación del hombre

Confía en Dios en todas tus acciones, y en Su Mano encomienda tu obra; alégrate de lo que viene o de lo que va, para que el descanso sea tu tienda de campaña.

Si el Destino te sonríe esa fortuna, te llegará, aunque estés lejos; o si es un mal que estás destinado a soportar, no podrás eludirlos, aunque seas llevado a los cielos.

Que nadie se inquiete por cosas que no llegan a su mano ni se ponen a su alcance; pero que se regocije en la porción que Dios le ha dado en gracia, y estará tranquilo, tranquilo y descansado.

Confía en Dios mientras vivas en el mundo, y darás descanso a tu alma y la mantendrás viva; porque sabed, no siempre el cuervo tiene su alimento, no siempre el león tiene su provisión.

Si tienes la ayuda de Dios, la madera seca del bosque te dará fruto, hasta que digas: "Basta"; pero si El de Arriba no está contigo, ni siquiera los árboles del huerto producirán, su fruto negarán, hasta que preguntes: "¿Dónde están?"

Una vez, un hombre sabio, en busca de su traje, venía regularmente al amanecer al palacio de su señor, y día a día en la puerta de entrada vigilaba temprano, para que el maestro nunca pudiera evitarlo. Entonces el maestro le escribió para nombrar su deseo, a lo que respondió en la siguiente voz:
"¡Oye, querido señor!
Por una doble causa llamo a tus puertas,
estoy expectante, porque estoy en una situación desesperada;
dolor es el corazón arde como carbón,
cuando no llega ayuda al alma ansiosa.
He esperado hasta ahora a mis enemigos para desarmarse
De despecho vengativo y envidia estúpida;

si me ven volver atrás, me harán más daño,
porque se burlarán y insultarán, si mi búsqueda es en vano.
Por lo tanto, diga "Sí" y haga algo, o pronuncie la única palabra "No,
Y así mi alma estará en reposo, y lo peor que sabré ".

Al que suplica, dile: "No mendigas; ¿no está todo en manos de Dios?"

Para rogarte algo he venido; de Dios lo he pedido primero. Si estás dispuesto a conceder mi petición, hablaré de mi agradecimiento tanto a Dios como a ti; pero aun así, Dios mío, te agradeceré si no cumples mi deseo; y en cuanto a ti, mientras se niegue la alabanza, no te juzgaré mal.

Cuando actúes, mira por encima de ti y aprende tus propios defectos, elévate en el camino de la perfección; pero en lo que respecta al dinero, mira hacia abajo, y regocijándote, alabarás a aquel que te da tu pan de cada día.

El que en la Roca, su Hacedor, confía, será elevado a las alturas; no mirará *su calamidad;* * de los males estará a salvo.*["On his calamity"=23, the number of lines in this section.]*

Sobre la deliberación y la perseverancia

La deliberación, cuando la ocasión lo requiere, vale cuatrocientos zuz.

Espera, y tú mismo librarás del lazo como el ciervo y las aves; apresúrate, y traerás cuidado y preocupación a tu alma.

Deliberar con buenos resultados agilizará los asuntos; mientras que la prisa indebida, con mal resultado, como flechas en el corazón del hombre, actúa.

Elige para ti el camino más largo, porque su porción está puesta en un lugar agradable; Evita el camino que parece más corto, a menudo conduce al dolor y al dolor.

El hombre que tiene prisa por hacer algo fallará en fuerza y poder; vacila sabiamente, luego actúa, y llegarás más rápidamente a tu fin.

Aguanta la verdad, aunque sea amarga, y serás llamado hombre paciente; no gruñes por lo que sufres, y no eches la culpa al mundo.

¿No es el aguante de dos clases, el aguante que soportará la tensión y la tormenta de los tiempos malos, y el aguante que sufre daño en las almas, habituadas al pecado desde tiempos remotos?

Piensa en Dios cuando prevalezca tu naturaleza más baja, entonces serás redimido de todo peligro; pero si el mundo se pusiera contra ti, recuerda, saluda el poder de la paciencia en todo momento.

En el bien, prepárense para dar gracias y alabanzas, y menos en todos los males; Una enfermedad dolorosa, una enfermedad grave, es el dolor del corazón por lo que no ha venido.

Mejor que el dolor es el veneno, porque el cuidado está encerrado en el corazón del hombre; según su altura, vendrá su caída; el curso que tomará su descenso marca su antigua fuerza y poderío.

Conquista tu duelo con el poder de la perseverancia, no sea que tu dolor se prolongue para siempre; elige para ti el consejo del sentido, y seguro pasarás tus días y tus años.

La desgracia conquistada muchas veces se convertirá en una bendición disfrazada; soporta, pues, y soporta lo que no puedas escapar, y estarás tranquilo, liberado del pecado y libre de toda culpa.

Para alcanzar su deseo soportando males, se le da el poder a los mortales, porque nadie es libre como los que perseveran; por lo tanto, oh hombre, pero persevera y confía en la misericordia del cielo.

Entiende, no hay nada más noble, y nada más discreto, que reconocer una bondad con agradecimiento y afrontar la desgracia con un corazón todo valiente.

Dejar que * cada uno de los sentidos *confesar* que todas las cosas vienen de Dios.*[" Confesar " —25, el número de líneas en esta sección.]*

Sobre la suficiencia

El que con poco está bien contento es verdaderamente rico como un rey; y el rey, en su grandeza, es pobre como el buhonero, cuando su reino no le basta.

Aquel a quien los dones de Dios le basten es bastante rico en reserva; mientras que el que es rico y tiene una tienda, pero nada de lo que consigue, es pobre, en verdad, porque está angustiado.

Conténtate con lo que Dios te ha dado, y no mires la suerte de otro; encuentra tu deleite en Él, y cuando lo pidas, Él te concederá tu petición.

¡Qué poca comida le basta al hombre! Un hombre comerá y dejará de eso. ¡Feliz el hombre que no tiene codicia, y anhela su pan de cada día! En cuanto al hombre celoso de la lujuria, el mundo que sus necesidades no pueden suplir.

Si es pequeña como es tu costumbre, tu ración no te llega, aprovecha lo poco, ganado por tus propios esfuerzos, antes que ser avergonzado y humillado ante los hombres; que tu confianza esté siempre en tu Dios.

Toma lo que esté lo suficientemente preparado para protegerte de la miseria y el daño, y desprecia la corteza real; porque toda tu gloria se desvanece, marchitándose como la hierba; tan repentina y rápidamente como viene, tan rápido se va.

Un poco te protegerá de la deshonra y el desprecio; por lo tanto, este pequeño será mejor y más dulce que el glamour y el mamón, la riqueza y el gran tesoro, que probablemente te llevarán a la vergüenza y la burla.

No valore demasiado la gran riqueza y riqueza de su prójimo; ni dejes que la pequeña suerte que se encuentra en tu propia morada sea despreciada por ti.

Ordena bien tus provisiones, porque con un gasto metódico llegan al doble; pero sin reglamento, como viñedo sin cerca, la mitad de tu alimento será para otros, y la mitad te quedará a ti.

Sea prudente y no piense menos en los peniques; Así que no muestres todo tu poder a los pobres en fuerza. La gloria es como el polvo de la alta montaña; el cetro hermoso se pierde en una hora.

Si hay dos enemigos que nunca se unen y se unen, se les conoce como contentamiento y codicia; si quieres descansar en la combinación del trabajo, elige el primero y tu trabajo prevalecerá.

Vosotros, versados en las ciencias antiguas y nuevas, habiendo buscado e indagado, decidme ahora: "¿Existe un gozo que se asemeje al gozo del corazón? ¿Puede alguna riqueza igualar la riqueza del alma?"

Si la fortuna no te sonríe, deja que tu corazón sea confiado y se mantenga; recuerda las dificultades y las pruebas, las cosas difíciles que ahora han pasado, y encontrarás descanso y reposo.

Si no buscas para ti más de lo que es bueno, aprenderás a contentarte con tu ración de comida.

Renuncia al pensamiento de la riqueza de otro hombre, entonces el honor y la gloria serán tuyos. En renunciar solo hay libertad, mejor que todas las cosas; Es mejor que toda mercadería, porque con ella obtienes la verdad.

No hay pecado mayor que la codicia sin medida; Cíñete y refrena tu alma del deseo. Si te lamentas sin medida por la pérdida de un amigo, con el tiempo tu fe se encontrará menguando.

Regocíjate siempre en tu porción, siéntete satisfecho con un bocado de comida y con estremecedor aférrate a *Dios* * y a Su temor.*[" Dios " = 31, el número de líneas en esta sección.]*

Sobre la bondad y la caridad

El que opta por la caridad por fortaleza, encontrará hombres que por su propia voluntad se humillarán ante él; contra todos los accidentes diarios y las calamidades espantosas, no hay nada para proteger a un hombre como las obras de bondad.

Una deuda doble tu prójimo reclama, obsérvala, inscríbela en tu corazón; toda bondad trata, todo mal reprime, no sea que pronto se pelee contigo.

Una deuda doble que reclama tu pariente; sea ésta tu regla constante; aunque se niegue a darte, dáselo tú; aunque se mantenga lejos de ti, estarás siempre a su lado.

Si reflexionas que todo tu sustento es dado por la gracia de Dios y Su misericordia, llegarás a ver que el Cielo ha puesto en tus manos las cuotas del pobre, incluso el alimento de quien carece de todo.

El que no se compadece de sus parientes y parientes, pero da de sus riquezas a los extraños, es como la que da de mamar al hijo de su prójimo, mientras que el suyo languidece de hambre y miseria.

El que acumula muchas riquezas y riquezas con medios no justos y rectos, es como aquel que piensa que sin estacas ni cuerdas su tienda estará erguida y firme.

El hombre que no da según su riqueza, sino que es tacaño y mezquino, por decreto del Cielo, perderá poder sobre su riqueza, porque irá a los gobernantes de la tierra.

Es difícil subir y ganar las alturas, pero fácil es la caída; al igual que esta piedra, aunque grande, fácilmente se deslizará hacia abajo, pero es difícil levantarla.

Como el caballo enérgico, aunque hambriento y agotado, sigue recto su curso y no se cae por el camino, así es el corazón generoso con sus dones; otro para quedarse, él mismo se quedará sin comida.

No es por la riqueza, sino por el nombre y la fama, lo que le importa al liberal de corazón; pero el avaro manchará su honor y su nombre al tratar de salvar su reluciente tesoro.

Aunque la fortuna te sonríe ahora, no sabes si ella se volverá hacia ti en otro momento.

Los generosos prometerán y pagarán sin demora antes de que los hombres soliciten el pago; pero el avaro retrasa su voto de pagar, tal vez pueda surgir algún pretexto para el día siguiente.

Si se te pidiera que prometieras algo, y tienes miedo y temes arrepentirte, mejor di "No" que ceder con un "Sí", porque si no lo das, tropezarías y pecarías.

Cuando hayas dicho "Sí" a algo, aguanta y cumple tu palabra; por haber dicho "Sí", es para tu vergüenza decir "No", y así abstenerte, quebrantar tu palabra.

Tratar amablemente mientras que el aliento de la vida está dentro de ti, antes de *acá* * para allá tú flittest, y tu justicia irá delante de ti.*[" Aquí " = 25, el número de líneas en esta sección.]*

Sobre la pobreza y pedir ayuda

¡Ay del hombre que pierde sus riquezas y placeres juntos, mientras que todo lo que le queda son los mismos hábitos y métodos!

Si le das a un hombre, te convertirás en su señor y amo; no dependas de un hombre, y entonces estarás al mismo nivel que él.

El respeto que le pagas a un hombre volverá a ti a cambio; Debes estar en deuda con un hombre cuando estés en necesidad, y por él serás poco estimado.

Esto es pobreza en verdad, y como una trampa que se tiende para ti, cuando tu corazón nunca está libre del temor de la pobreza.

Si incluso logras tu petición, no pienses en tu corazón el alivio que has encontrado; porque si, al pedir, has estimado a la ligera tu honor, tu pérdida será mayor que tu ganancia.

De todas las cosas amargas que has probado, ¿hay alguna más amarga que pedir un favor a tus amigos y compañeros?

Prefiero soportar la necesidad que pedir un favor a alguien que no está acostumbrado a dar; porque la peor parte de pedir se siente en el momento en que tomas el regalo con un sonrojo.

Es mucho mejor encontrar un oso que encontrar un tonto; pero al encontrar al hombre de corazón generoso, la tranquilidad del alma será tuya. Porque mientras le da a otro su subsidio, el liberal mismo siente la vergüenza del otro, su lenguaje y su tono son deliciosos; las bondades que te han hecho nunca las recordará, al olvido están todas consignadas.

El que pide más de lo que necesita o más de lo que desea, encontrará su justa recompensa en esto: se le negará y sufrirá miseria.

El hombre que posterga la fecha de su donación, en cuya palabra nunca puedes confiar, puede compararse con una figura pintada y copiada, la mera imagen y forma de lo real.

Si acudes a un avaro para pedirle un favor, seguramente te rechazará y será también tu enemigo; si se encuentra contigo en el extranjero o en casa, no te dará una palabra, ni siquiera una mirada.

Ser huésped de un avaro es sufrir una miseria que no se puede describir; su caballo irá en ayunas, sin forraje; y también lo hará el huésped, no recibiendo lo que necesita.

¡Qué mala es la pobreza! La mezquindad es peor. El hombre que se vuelve al avaro se acarrea desprecio y vergüenza.

Es mejor para un hombre ser llevado a la tumba que pedir un regalo al avaro; porque será como el pescador que sale pensando pescar en un desierto de arena.

Un hombre bondadoso dijo una vez a sus amigos, que este arreglo secreto nos obligue; Nunca me pidas un favor sino a través de un amigo de confianza o por carta; porque si lo pides con tus labios, doble será la pérdida; tu dignidad sufrirá y todo mi mérito desaparecerá.

Si necesitas un regalo, pídele más bien a alguien que una vez fue rico y se ha hecho pobre, que pedirle a alguien que una vez fue pobre y ahora se ha hecho rico y es un hombre de recursos.

Sólo entonces recibirás un regalo del avaro, mientras que del generoso no recibirás ayuda. Seguramente el león no dejará de alimentarse de perros si no encuentra ovejas para calmar su hambre.

Todos tus habitantes se apartarán de ti, si tu hogar es estrecho y estrecho; pero si no hay barrotes que te detengan y te impidan salir, entonces no encontrarás espinas en tu camino (para afligir tu camino).

Y semejantes a la mirra son las aguas puras que corren por la tierra; la frescura, sí, el aroma de la misma, flota en el rostro del hombre; pero el agua estancada se vuelve estancada, su olor afecta muy desagradablemente la fosa nasal.

Es en la hora en que tus bienes terrenales son pocos, que debes tener cuidado de no ser *pobre* * en espíritu y alma.*["Pobre" = 34, el número de líneas en esta sección.]*

Sobre el silencio y el hablar oportunamente

El silencio nunca es el perdedor; al hablar siempre hay arrepentimiento; Es mucho mejor estar callado y quieto, que balbucear y estar más cerca del pecado.

Tus palabras y tus actos están en tu poder antes de que se pronuncie la palabra; Una vez dicho, la palabra tiene poder sobre ti, todo control de ti ha pasado.

¿Por qué hablar de algo que, cuando se sepa, te hará daño y provocará tu caída? Si no se habla y se da a conocer, todavía tienes la esperanza de que pueda ser beneficioso para ti.

La pena del silencio es menor que la del habla. ¿Quién puede decir cuán amargo y doloroso puede ser el dolor del habla?

Ata la lengua y no la sueltes, no sea que traigas sobre tu cabeza mucha culpa; Si el silencio trae a uno remordimiento y pesar, ¡cuán interminable será el tren que llevará el hablar!

Ata tu lengua, como atarías un tesoro; porque si no le prestas atención, a tu alma le irá mal.

Si eliges el consejo correcto y adecuado, elige el bozal para tu boca y el silencio para tus labios.

Dentro de la boca del hombre está su tropiezo; como ladrón acecha bajo su propia lengua; a sus órdenes, el hombre cae bajo, soportando castigo en todo momento; y así, en verdad, aumenta de manera múltiple su dolor.

¡Oh criatura, mira cómo te creó Aquel que habita en los cielos! Tú tienes dos oídos y ojos, dos mejillas y dos pies; tienes dos rodillas y dos manos, dos lomos y muslos, pero una sola lengua en un recinto escondido, pero dos lenguas nunca. Además, ha diseñado dos paredes, son los labios y los dientes. Por tanto, sé doblemente cauteloso con tus palabras, preste atención a tu lengua, y será una ventaja para ti salvaguardarte de por vida.

En la boca del hombre está la duración de los días; la vida y la muerte hay entre sus mejillas.

¡Qué bueno que el sentido del hombre gobierne las palabras que brotan de sus labios! Pero cuando sus palabras gobiernan su sentido común, se convierten en su principal enemigo, su más acérrimo enemigo.

Si dejas de hablar, aumentará el respeto por ti; e igualmente tu reverencia se desvanecerá por la multitud de palabras.

Es bueno si el habla puede eliminar algún daño o ser útil para ti; donde no lo está, es mejor guardar silencio; el habla no tiene esperanza para ti.

Si las palabras vanas sobrepasan el sentido de uno, se gana su dominio sobre el hombre; pero si en el hombre prevalece su sentido, todas sus palabras le pertenecen.

Sean pocas tus palabras y pocas tus faltas; aumenta tus palabras, y aumentarán tus aflicciones.

Si en la noche deseas hablar dentro de tu propia morada, presta atención, baja la voz y pronuncia tus palabras en voz baja; o incluso durante el día escuche bien y escuche; es más, mientras está pensando, mire a su alrededor y vea si el asunto que tiene en mente puede ser hablado en voz alta con seguridad.

Un desliz de la lengua puede costarle la cabeza a un hombre; puede ser destruido por sus propias palabras; mientras que un resbalón del pie, aunque repentino sea el dolor, puede curarse y restaurarse rápidamente.

¡Oh vosotros que queréis ser sabios! Considerad la raíz de las cosas; pon tu corazón en entenderlos, y encontrarás que bajo cuatro encabezados todos pueden ser clasificados; aprende su secreto e investígalo. Algunas cosas, al principio, son de servicio, pero se ofertan con cautela a medida que avanzan; algunas cosas no hacen ni mal ni bien, y es mejor evitarlas; también hay cosas en las que acecha el peligro tanto al principio como al final; y hay cosas que son todas buenas tanto al final como al principio. Entonces deja los tres que van antes, y agarra la cuarta cabeza, ¡agárrate fuerte!

Tenga en cuenta en todo momento esta regla: hay algo mejor que el silencio, es esto: decir la verdad.

La palabra de los sabios apartará el enojo y la ira, y muchas palabras refrenarán el espíritu vengativo.

El de corazón sabio, al hablar, a menudo aliviará; al abstenerse de hablar, redimirá doblemente. Sus palabras a los humildes brindan alivio; se dirigen a los altivos, cuando extienden sus redes.

Si un hombre no es un experto en su trabajo, que no hable con demasiada confianza al respecto.

Nada es de mayor honor para un hombre que la palabra pronunciada de manera adecuada y correcta; pone una corona de oro en su cabeza, y un collar de oro alrededor de su cuello.

Hablar lo que es una locura, pero saber cómo aclararlo con tu discurso, es mucho mejor que no hablar en absoluto. Es mucho mejor parecer un perezoso, cuando se le pide que haga algo engañoso y falso, que apresurarse y unirse al intento, y dejarse quebrar.

Antes de todo, guarda tu boca, y entonces, como el ciervo *de la mano* * del cazador, serás librado.*["De la mano" = 54, el número de líneas en esta sección.]*

Sobre la verdad

Los sabios encuentran alivio en la verdad y la equidad, los necios se apoderan de la mentira y la conspiración.

Cuando un joven en años se levantó una vez, y un anciano oponiéndose, se esforzó por hablar, se dirigieron a él y le dijeron: "¡Qué vergüenza! ¡Cállate! ¿Cómo te atreves a enfrentarte a un hombre así, cuyos años son tan para reclamar nuestra sumisión? " A lo que respondió: "¿No sabes que la Verdad es mucho más grande y más antigua que él?"

Responda a los sabios de una manera justa y honesta cuando discutan un asunto con conocimiento y sabiduría; presta oído a ellos y se convertirán en tus bienhechores, porque la verdad es algo que hay que amar, desear y recibir con favor; y aunque nuestro amigo sea un Platón, grande y exaltado, y renombrado por su conocimiento, el derecho de nuestro juicio lo reclamamos en la cuestión de la verdad, porque la

Verdad es para nosotros un amigo mucho más querido que nada.

Di la verdad sin favoritismo y no respetes la vejez; La verdad es más antigua, fuerte en años como el mundo.

El conocimiento es despreciado, no apoyado por la riqueza; mientras que la riqueza sin conocimiento esconde muchas manchas. El rico, aunque miente, se justifica por la riqueza; los pobres, aunque dicen la verdad, buscan la justicia en vano.

Me parece extraño que los hombres gasten riquezas tan maravillosas y sumas fabulosas en la compra de bribones para servirlos como esclavos, ya que podrían ganar fácilmente, sin precio ni dolor, los corazones de los libres por mera cortesía, por un acto agradable. y discurso lleno de tacto.

Disminuye la riqueza que se obtiene de las búsquedas vanas; mientras que el que pone la *mano* * para salvar, aumenta gradualmente. Para decir la verdad, sea su resolución audaz.*["Hand" =14, the number of lines in this section.]*

Sobre el compañerismo y la asociación

Sobre todo, debes conocer a tu verdadero y fiel compañero, sus faltas para perdonar y perdonar sus pecados; el hombre que siempre está dispuesto a buscar la ofensa, manténgase a distancia, que se encuentre con los de su propia especie.

La experiencia te enseñará que el bien acecha más o menos en todo, salvo en el apego de los necios; sea, por tanto, tu regla evitarlos por completo.

Adopte el consejo que se le ha dado honestamente y que concuerde con su propio sentido común; pero rechaza el consejo que es aprobado por tu propio vil deseo.

Elige un asociado que siempre será tuyo y que esté listo para servirte como tu propia mano, inclinándose ante ti en todas las cosas, como si fuera un verdadero esclavo, todo en tu poder.

Presta atención a tus compañeros con verdadera consideración, de modo que estén unidos como amigos, íntimamente apegados a ti; concédales todo pensamiento y corazón, cuando hagan su llamado, bríndeles un lugar adecuado, un asiento acogedor y comodidad durante su estadía; y mientras ellos hablan, abre tus oídos para escuchar cada una de sus palabras.

Dos parejas están estrechamente unidas, como hilos en el telar del tejedor; son Silencio, la hermana de la buena voluntad y la Darer, que para el Hacedor sea un familiar (*lit* ., "y el tentador, que es hermano del Asesino").

No cambies a un amigo viejo y querido por uno nuevo, mientras que el viejo sigue siendo corazón y corazón contigo. No critiques a un hombre porque se equivoque. Que ningún hombre sea despreciado por ti; del mismo modo, mil amigos nunca serán suficientes; que tus bienes y tu plata los ganen para ti.

La sustancia y la riqueza del hombre, aunque sin alas, vuelan; pero la corrección es un tesoro verdadero; no hay fortaleza como un amigo.

Elige un camarada en quien crea tu corazón; porque un hombre que no tiene tal amigo, es como la mano izquierda sin la derecha.

Elige entre los hombres al camarada en quien tu corazón pueda confiar con seguridad; arroja al hermano que, con corazón engañoso, edifica la casa del traidor, aunque la lava blanca y limpia.

Si sólo vamos por la carne, entre los parientes cercanos reclamamos un hermano; pero si pensamos en el alma y el espíritu, llamamos a nuestro amigo nuestro pariente y pariente.
Cuando te mezcles con los hombres, elige a aquel que no te desvíe, de modo que te haga tropezar y caer. Y durante toda la vida con este único objetivo, un hombre sufrirá por servir a su amigo; y cuando lo encuentre penosamente probado, trabajará duro para liberarlo.

Esté listo y primero su compañero para saludarlo y darle una cálida bienvenida y un lugar honorable; y cuando lo llames y quieras dirigirte a él, asegúrate de llamarlo por su querido sobrenombre.

No hay mayor patán en la tierra que aquel que, atento a los errores de todos los hombres, les echa la culpa, mientras hace exactamente lo mismo; y mientras él esconde sus propios defectos y no ve sus defectos, mira a su alrededor y encuentra falta en todo lo que hacen los demás.

Los compañeros pueden, en verdad, clasificarse en tres grupos: atiéndalos y pronto aprenderá el misterio. Algunos camaradas actúan como alimento para los hombres, tus infinitas alegrías dependen de ellos; la jactancia y la valía de los demás parecen drogas, que en ciertos momentos se recetan; también hay quienes, como las enfermedades recurrentes, acechan y no traen más que un daño interminable a la salud.

Unirse a las bellas naturalezas es motivo de gran orgullo; unirse con los insensatos trae dolor y remordimiento.

Elígelo como tu amigo que siempre será tu orgullo, quien, cuando quieras, estará dispuesto a ayudarte; o, cuando expreses lo que tienes en mente, encontrarás en él un campeón valiente; o, si llegara a perder los estribos, él soportará tus palabras en todo momento y en todas las estaciones.

Puede ser llamado amigo rápido y verdadero que, con toda su fuerza y poder, te elevará a lo alto.

La amistad de un estúpido está destinada a terminar en dolor; Un hombre sabio encontrará alivio y alivio si se mantiene apartado de él.

Las mejores bestias requieren el látigo; la mejor de las esposas, su señor y padre; el consejo del hombre más sabio necesita, sin él faltará su sabiduría.

Entre los dos, tu amigo llama a la tarea; y si no presta atención a tu razonamiento, hazle más impuestos en presencia de un tercero. Si toma la precaución, considérelo como una ganancia; pero si no se rinde, piense que le falta sentido; apenas se le echará de menos cuando se llame a su número.

No reprendas, ni malgastes tus palabras en un hombre; porque si su propio sentido común no reprende, ¿cómo puede otro reprender?

¡Qué bueno es mezclarse con hombres que conocen su valor y posición! Apártate del que no es de estos; en su amistad no hay bendición.

La amistad que es perfecta siempre está libre de enemistades y contiendas; el signo más verdadero de la amistad son dos corazones hechos uno para siempre.

Únase siempre y nunca se separe del hombre de buen espíritu y mente serena; en su apego y amistad tú mismo serás cortejado, y ante todos los hombres serás reconocido.

Estima al amigo que te reprende en cualquier momento, pero no en presencia de otro; y déjalo pensar que ha ganado con ello alguna parte al menos de tu poder y posesión.

Plante el amor de su amigo en el suelo de su propia vida, como trabajaría para sujetar las estacas a su tienda; y si lo plantarás de raíz abundante, nacerá en la lengua, como nacen los frutos en las ramas.

El ojo de una aguja no es demasiado estrecho para contener a dos amigos que estén de acuerdo; la amplitud del mundo no es lo suficientemente amplia para contener en su redil a dos enemigos.

¿Quieres probar a tu amigo, saber si es falso o verdadero? Pídele a tu propio corazón que actúe como adivino, y la verdad seguramente la adivinará.

No confíes en el hombre que te aburre con sus angustias, sino que guarda de ti sus gozos; su lengua puede ser toda suave para ti; su amistad es más que aleación.

Ama al hombre que primero te hizo bien, y muéstrale ayuda y bondad; Así que ama al hombre que has ganado como amigo, porque en su corazón tus actos amistosos se mezclan toda la amistad.

Ama a tu amigo más que a tu hermano; porque hasta que se convierta en mi verdadero amigo, ¿cómo podré amar incluso a un hermano?

Escondida en lo profundo del corazón se encuentra la verdadera amistad, su huella se sella en la lengua; Los corazones de los hombres son como espejos que miran a los ojos, sus secretos nunca se revelan.

No te hagas el hipócrita con tu amigo, ni cuestionando a la gente que se entrometa en sus secretos, no sea que te encuentres con un hombre que manche su nombre y aleje tanto de ti su amistad.

Trata libremente con tu amigo con todas tus riquezas y con toda tu vida; Haz lo mismo con tus parientes con tu sustancia, mente y habla; sé cortés con todos y salúdalos en tu camino; y en cuanto a tu enemigo, sé generoso y bondadoso con él, cuando esté muy necesitado de tu caridad y servicio.

Cuídate del hombre que te ama cuando conviene a la ocasión y sirve a su propósito; porque rápidamente te volverá la espalda cuando descubras su verdadero objetivo y camino.

Imparte, como en aventar, tu amor a un amigo, y nunca reveles el secreto de otro; cuando tu enemigo venga a hacer las paces contigo, implora a Dios por él.

No pongas tu mano en nada si no quieres completarlo, para que no se pierda la recompensa. Si alguna vez dice "Sí" con respecto a un asunto, nunca lo cambie a "No".

Si encuentras un compañero cuyos pensamientos eres capaz de calibrar, adhiérete a él; porque las faltas de los hombres están más allá de la comprensión de los mortales; conoces bien a este, entonces quédate junto a él.

Como vasija de barro es el amor del necio; una vez que se rompe, a su condición anterior nunca volverá; la amistad que se forma entre hombres discretos es como una vasija de oro, difícil de romper y fácil de reparar.

Con los perversos y altivos en verdad irá como una vasija de barro, cuando se golpea, se rompe sin remedio; pero el hombre de buen sentido y discreción será como oro reluciente; se iluminará cuando lo golpeen y se animará a hacerlo mejor.

No de una vez, sino por pasos y grados, revela tu profundo amor por tu amigo; así como, no de una vez, sino mes a mes, el árbol da su nuevo fruto, así confiesa tu amor gradualmente y cumple el deseo de tu amigo.

Cuidado con las malas compañías, donde nada es sabio o correcto; porque al asociarte con los malvados, aprenderás todos los malos hábitos y rasgos.

El hombre que puede vivir con una mujer de corazón enfermo muestra, en verdad, qué es paciencia, y más aún, qué es habilidad; en verdad se parece al lobo del bosque, que nunca cambia de naturaleza, aunque cambia de pelo.

¿Qué herida o erupción se asemeja a la que deja a su marido para que lleve su propia vida? En su corazón, ella le irrita como una llaga pútrida; aunque harto de ella, nunca podrá deshacerse de ella. ¿Qué enfermedad puede igualar tal sufrimiento del alma, tal aflicción del corazón y dolor sin fin?

Al hacer tu elección, siéntate con los mejores y serás honrado por Dios y por el hombre; pero si decides sentarte con los insensatos, tus camaradas no te llevarán más que a la desgracia.

No es bueno que el hombre, aunque sabio, obtenga siempre su fin. No es la riqueza la que tiene el poder de ocultar la propia culpa de la vista; donde reina la sabiduría, las faltas y los crímenes del hombre pronto pueden desaparecer de la vista. Que se aplique siempre el silencio como un bozal a tu boca; y mira también que tus palabras son pocas y cautelosamente contenidas. Si sabiendo esto, no escuchas este sabio consejo, es mejor que tus huesos perezcan en la tumba.

El hombre que se apresura a entrar donde su honor y fama están en juego, no se atreve a pelear con el mundo, si sospechan que tiene malas intenciones.

Hay cuatro cosas que llevan a los hombres a la contienda y la ruina: la altivez y la terquedad, la indolencia y la temeridad del deseo.

La compañía del necio es como un diente que da dolor; para ambos hay una sola y misma cura: sácalo. No podrás soportar por mucho tiempo su charla perversa e insensata; porque pronto, en verdad, sin demora, tu amor se convertirá en odio.

No cambies los encantos que honran a tu esposa por los encantos de otra mujer; porque, al desviar tu sentido común, la lujuria significa jugar contigo en falso. Hombre más sabio de lo que caíste una vez, el rey Salomón era su nombre; luego procura que seas verdaderamente sabio y no caigas en el camino del pecado.

De todas las cosas elegidas, un amigo elige; busca sus deseos para cumplir, por grande que sea *la tarea,* * y así su amistad se posa en tu corazón.*["La tarea" = 108, el número de líneas en esta sección.]*

Sobre la prueba de los amigos, su indulgencia y su perdón

Un amigo fiel a aquel a quien deberías llamar, que alegremente te ayude; ya sea que se requiera dinero o vida, él está listo para satisfacer tus necesidades.

Si seleccionas a un amigo digno de ese nombre, pruébalo y verás si resistirá esta única prueba: Si, cuando lo enfades y lo frustras, se mantendrá fiel como antes, es el hombre al que deberías. espera, porque no te ama menos.

No confíes en el que te alaba cuando tiene necesidad y espera tu ayuda; pero confía en el que habla de ti con orgullo, incluso cuando rechazas su petición.

Tres cosas prueban si los hombres son sabios; apréndelos bien, y nunca te volverás loco: sé humilde en medio de toda provocación; sé un héroe en la lucha; tenga el placer de conceder la petición de un hombre.

Si haces algo con amor, tus antiguas faltas quedarán ocultas; si te muestras malhumorado, tus pecados secretos serán revelados.

No pienses mal de ningún hombre, si una vez ha anhelado tu perdón; perdona y perdona toda su culpa, si una vez ha confesado su pecado.

En cuanto a aquél que no se fíe de la disculpa que se ha hecho sinceramente, ni perdonará fácilmente al hombre que ha dicho con franqueza: "Me he equivocado", considere su amistad como si nunca lo hubiera sido, y déjele ahora un amplio margen.

Cuando, por su culpa o defectos, tus amigos pidan indulgencia, perdona; porque sepan, el perdón está en el corazón de los hombres generosos; está en el camino de la inteligencia.

Juzga con bondad los errores de todos los hombres, incluso antes de que se ansíe tu indulgencia; ni pienses mal del hombre cuya culpabilidad no ha sido probada, porque en este caso la culpa será tuya.

Desde el día de la disculpa de un hombre, no guardes en tu mente sus malas acciones, aunque su falta sea clara, y él pueda ofrecer una excusa dudosa; entiende esto, y no seas cruel.

Nadie puede ser más negligente que el que no elige al más genial de los amigos; sin embargo, mucho más negligente es él, el hijo pródigo, que una vez que los ha hecho, pierde los amigos que ha ganado.

Recibe al hombre que, sea verdadero o falso, viene a ti con pesar por sus ofensas pasadas; porque, en este mismo acto de su humillación, te eleva en la estima de los hombres.

Cuando un hombre se niega en público a obedecerte, demuestra que tienes algún honor que perder; y siempre que en privado te ofende, ¿no demuestra que teme tu poder superior?

Perdona la transgresión y el pecado en los necios, como los perdonarías en los hombres más nobles.

No te niegues a dar a un hombre, aunque él te haya rechazado tu pedido; y no te niegues a perdonar, aunque te haya hecho daño.

Confesar tu pecado es tu primera tarea, cuando buscas el perdón de tus pecados; porque si tu confesión de negación lo excluye, no tienes nada más que esperar, ya que tu pecado será más grave, sí, doble.

Date prisa en perdonar la transgresión de tu amigo; y si llegara a ser tu enemigo, no lo reveles en el curso de tu contienda.

Controla a los hombres y encontrarás tu deleite; sé vengativo y encontrarás cuidado y aflicción.

Antes de realizar alguna acción, considera bien, ¿tienes el poder para realizarla? Si, por ejemplo, ordenas que maten a un hombre, tienes el poder de deshacerte de él de esta manera; ¿O es tu mandato vacío como el viento, que sale sólo para volver de donde vino?

¿Por qué un hombre que peca todos sus días, cuando su prójimo comete un pecado contra él, se enfurece y olvida que el mundo no olvida su propia transgresión y pecado?

Si en la multitud de palabras hablas contra tus amigos, no te parezca difícil que ellos también hablen contra ti.

Perdona al hombre que ha pecado y ha confesado, perdónalo íntegramente y *perdónalo* * íntegramente.*[Parte de la palabra "Perdonar" = 38, el número de líneas en esta sección.]*

Sobre el discernimiento y los modales

No en la advertencia adquirida por la experiencia reside la sabiduría suprema; pero estar advertido y no caer, es la verdadera sabiduría.

El hombre de entendimiento que tiene bien dirigido su corazón, discierne lo que está lejos de lo recto, y se guarda de ello; y sabiendo, aunque con pesar, en qué es débil su fuerza, descansa contento y no se mueve más allá de los límites de su poder.

La fe de ningún hombre puede estar segura, cuya percepción no es segura; no abrirá la boca para hablar si no comprende la tendencia.

Aprovecha tu oportunidad y mantén tu lengua en guardia; presta atención a tu tema y considera bien tu tarea.

En la escritura y el habla de un hombre inteligente, verás una prueba de sus facultades, de su espíritu y de su mente; así también un regalo, y la forma en que viene el regalo, mostrará la naturaleza del hombre, su motivo y pensamiento.

Cuida las cosas buenas que se encuentran en la creación; cuidado con el mal y el mal.

En verdad, el cuerpo y el alma del hombre tienen manchas en ambos; ¿Por qué esperar, entonces, que sea perfecto o completo?

¿Quisieras gobernar sobre la gente con deleite, tratarlos con bondad y no con la fuerza bruta? si el respeto y todo el honor quieres de ellos, asegúrate de no dejar de obtener su amor. Si atraes sus corazones con una fina cuerda de seda, sus cuerpos y bienes los ganarás sin falta.

Mientras gobiernes con decencia y facilidad, dominarás a la buena gente, la mejor entre los hombres; a tu palabra de mando acamparán o seguirán su camino; pero si supieras cómo actuar con los más rudos y rudos, te digo que sólo los dominarás manteniéndolos bajo el talón.

Antes de que pueda medir el valor de otro hombre, me conviene conocer *mi* propia *columna vertebral* * y mi fuerza, y comportarme hacia los hombres con una bondad que solo es capaz de vencer.*["My back" = 19, el número de líneas en esta sección.]*

Sobre guardar un secreto

No reveles a tu amigo un secreto, el secreto que ocultarías a tu enemigo. Cuando tu amigo te revele un secreto, olvídalo y deséchalo de tu mente.

Cuando los hombres te revelen un secreto, mantén en secreto la relación y también el autor.

Si tu amigo te transmite un secreto por carta y te considera digno de su confianza, entonces destruye la epístola, como si nunca la hubieras visto; olvídalo y deja que se aparte de tu corazón.

Cuando un hombre te cuente su secreto, esconde tanto el secreto como al que lo cuenta; escóndelo como un tesoro, y deja que tu corazón sea para siempre su tumba.

Cuando un hombre revela un asunto y pone al descubierto un secreto, ¿cómo se le puede confiar plata y oro?

Si confías tu secreto a otro, y él siente en su juicio que no puede dejar de revelarlo, entonces no le eches toda la culpa a tu amigo, tu propio corazón no era lo suficientemente ancho para contenerlo.

Si el corazón de un hombre es demasiado estrecho para guardar un secreto, pero arde como un fuego en el campo, no debe protegerse la boca con un bozal, porque su lengua y sus labios no pueden ser bloqueados.

Un secreto no contado es tuyo como prisionero para siempre; una vez dicho a tu amigo, eres su prisionero y puedes caer. Cuando le cuentes un secreto oculto a otro, asegúrate de tomar la decisión correcta; porque nunca debe contarse a dos; Te toca a ti juzgar quién es el indicado.

Un secreto entre dos está guardado en el corazón; el secreto de tres es uno llorado en la calle.

¿Por qué culpar a un hombre por revelar tu secreto, si tu propio corazón se angustió por mantenerlo oculto? Si tú mismo no puedes ocultar tu secreto, ¿por qué esperar que otro lo guarde, ya que la cosa no es suya?

De aquel que de un amigo lleva un secreto a un tercero, se pucde decir que *se apartó del* camino recto ; * Guarda, pues, tu boca como con freno.*["Ha dado vuelta" = 19, el número de líneas en esta sección.]*

En realeza

Es triste para un hombre cuando el rey es su demandante y enemigo; porque pronto su propia tierra lo renunciará. Debes temer a Dios, como corresponde a Su grandeza; y aférrate al rey, su voz para obedecer.

Sabed que como uno es el rey y la ley, como hermanos en guardia en cada vigilia; uno sin el otro nunca puede mantenerse firme; uno sin el otro nunca perdurará.

Vive en un pueblo donde hay un rey que es temido, donde hay un juez que es todo justo y donde las aguas del arroyo nunca fallan; donde hay un mercado abierto y habita un sabio en todas las tradiciones, uno para curar todos tus males, un experto en su oficio.

En un mismo plano están el rey y el fuego; aléjate de ellos, y necesitarás su ayuda; Acércate demasiado a ellos, ¡qué pronto te consumirán con su calor, si no estás en guardia!

Si, al luchar contigo, el rey te mira con recelo, ten cuidado de que no te enfrentes a él y te vuelvas hacia él directamente; fíjate también que tus palabras son notablemente escasas, o no te beneficiarán.

Un rey, a través de la justicia estricta, establece la tierra, para sus súbditos con la verdad él dirige; Mejor es él que el tiempo de la abundancia, y mejor que la comida y la riqueza es la luz de su rostro.

Los peores reyes son los que atemorizan a los rectos y buenos; gobiernan los peores que hacen pocas ofrendas; el peor de los compañeros es el que engaña a su amigo; y por eso la tierra llena de abundancia, que no es segura, es odiosa para vivir; no da descanso.

Si un hombre oprime a su vecino, apelará al Rey o al Príncipe; pero si el rey actúa con rigor y despoja a un hombre de su justicia, ¿a quién levantará el hombre su queja y su clamor, y adónde se dirigirá entonces en busca de justicia?

Mientras el rey esté enojado, no te pongas delante de él, porque como un león desgarrará y tomará la presa; apártate de la tormenta y escapa a la montaña; no te quedes junto a la corriente mientras las aguas se desbordan.

La fuerza y la honra son una corona para la cabeza del sabio, que puede jactarse del rey como amigo suyo. Si se le compara con la colina alta y escarpada, donde el ciprés y el nardo destilan su rica fragancia, recuerde que allí también habitan serpientes, que en su acecho se agazapan; desde allí también pueden saltar leones salvajes y leopardos. El ascenso ha sido duro, de hecho; pero incluso ahora, pensando que tienes una base firme, estás como si estuvieras en la tumba.

Si el Regente te odia y te oprime mucho, no confíes en el amor del Rey; pero el Regente, como amigo, puede apagar la ira del Rey y evitar que camines con seguridad.

Guarda el mandamiento de Dios, obedece la palabra del Rey, y entonces *seguro* * seguirás tu camino.*["En seguridad" = 26, el número de líneas en esta sección.]*

Sobre la estupidez, el orgullo y la locura

Se pueden encontrar cinco faltas en un necio, y estas no se pueden encontrar en ningún otro: muestra ira sin causa alguna; la mayor parte de su trabajo es inútil y vano; cuando toma la determinación de dar algo, no a la medida que da; ni su amor ni su odio conocen sus límites; y con el tiempo revela el secreto que su amigo no le ha contado.

¡Qué poca distinción hace el mundo entre el necio y el recto y puro! Es como la perla de alto precio que se encuentra en el desierto, cuyo valor se desconoce.

Hay tres cosas por las que el corazón se desmaya: cuando los dolores redoblados, el sabio ataca; cuando los locos conducen al hombre sensato; cuando los impíos dominan al justo y al bueno.

Seis son siempre víctimas de cuidados ansiosos: el rico, que ha caído de su altura; el rico que, tarde o temprano, teme una caída; el hombre vengativo y lleno de rencor; el esclavo de la ambición, a quien nada saciará; y el que busca altos honores, no apto para su posición.

Si sopesamos el odio de los sabios y el amor de los necios en la balanza, "prefiero soportar el odio de los sabios", dirán los prudentes.

El que se casa con un necio, él mismo se volverá necio; pero el que ande con el sabio de corazón, tendrá un nombre como mirra difundida, cuando es aplastada por mano humana; así como el viento, atravesando la fragante especia, llevará a todos los rostros el dulce perfume, el bello aroma. Pero si pasara el viento sobre carroña, muy diferente sería el caso; porque los olores y el hedor y los malos olores enfermarán todo el aire.

Todos iguales y en un mismo plano son amigos y enemigos del necio; ¿Qué importa, para quién todo es igual? Para su locura no hay cura.

¿Qué hombre es el que tiene que agradecerse a sí mismo por traer su vergüenza a la vista? Es el que entra en el lugar donde la necedad no tiene derecho; quién forzosamente elegirá su propio asiento, una vez que se le asigne su asiento; quien habla demasiado y, lo que es peor, habla fuera de tiempo.

Cuando un necio ha dicho lo que ha dicho, no tomes nota de su juramento.

El hombre todo manso, que no puede jactarse, pronto recibirá la ayuda de un hermano; pero los altivos y altivos serán humillados y pisoteados en el polvo.

Se equivoca el que confía en su ingenio y en sus consejos; seguramente caerá, quien confía sólo en su sentido.

Me pregunto por qué, oh hombre de razón, no pones tu corazón a pensar: "¿Por qué ser vanidoso?" "¿Por qué presumir con orgullo? ¿Olvidas tu origen, la participación de la naturaleza en el engendramiento?"

El hombre, engalanado con orgullo sin sentido, considera que su propia alma es demasiado querida; presumiendo de sus poderes más allá de todo lo debido, se felicita a sí mismo; pero desde el momento en que crea que se está elevando, seguramente descubrirá que lo están bajando.

No te dejes llevar por un necio a pisar en el *montón* * (y así te salpicar).*["Heap" = 33, el número de líneas en esta sección.]*

Sobre los celos

¡Qué gran mal son los celos! ¡Qué llaga enfermiza! Quebranta los huesos del hombre y pronto destruye su cuerpo. El odio puede mantenerse oculto para siempre y para siempre; pero enseguida se percibe la peligrosidad; para todos los hombres está claro.

Lograrás agradar a todos excepto al que te envidia tus riquezas; porque su corazón nunca estará contento, hasta que hayas perdido tu felicidad y tu riqueza.

No puedes encontrar un pecador más grande que el hombre que odia a quien ha recibido honores; porque continuamente sobre su Creador derrama su ira, irritado por lo que ha querido como la suerte del otro hombre.

El día que llames a un necio en tu ayuda, le invitarás a que te destruya la raíz y la rama; porque si no fuera porque hay árboles en el bosque, el hacha que agarra la mano del hombre no tendría nada que cortar.

Existe una cura para toda forma de odio, excepto para el odio que surge de la envidia.

El envidioso no tendrá muchos días, ya que no tiene ni esperanza ni expectativa; se entristecerá, y su dolor será interminable, si descubre que no puede hacer más daño a los demás.

No envidies a uno que ha sido bendecido todos los días de su vida con el goce del placer, cuando lo ves feliz y lleno de deleite, mientras tú estás siempre lleno de preocupación y dolor.

¡Qué necio el rencor, qué mezquina la mala voluntad! Hay tres clases a las que los hombres más envidian: los hombres de su oficio, sus parientes y sus amigos, que los superan en honor y grandeza.

Sé tú no envidia, y te levantarás, y *el honor* [*] ganancia; te regocijarás y prosperarás.*["Honor" = 15, el número de líneas en esta sección.]*

Sobre la hipocresía, la calumnia y los vecinos malvados

El que se adorna con ornamentos que no son apropiados o correctos, vivirá para ver la prueba aplicada, y la verdad será revelada. Si un hombre se engalana con algo que está lejos de ser natural, cuando menos se lo espera, expondrá la mancha. Es como cuando un hombre se tiñe el cabello, las partes débiles que intenta ocultar seguramente se manifestarán en su contra.

Como una fiebre que se extiende por el cuerpo de un hombre para estropear la salud de su cuerpo, es el compañero cuyo corazón está lleno de mala voluntad; porque mientras busca hablar de los fracasos y faltas de su amigo, se preocupa de oscurecer sus puntos buenos y méritos.

Cuando oyes a una persona injuriar a tu amigo, a alguien que falla exponiendo, o hablando alguna calumnia, mientras que tu amigo nunca habla una palabra en su contra; luego acerca a tu amigo más cerca de ti, y mira al calumniador con horror y desprecio, porque su manera es hablar contra los hombres; la maldad del odio y la bajeza de la falsedad son las armas que él llama para ayudar.

El hombre que alguna vez fue considerado digno de confianza por ti, que ha sido declarado culpable de difamación, no confíes nunca más en su palabra o juramento; porque si hubiera sido el hombre digno de tu confianza, se habría sentido reacio a pronunciar a otro el informe calumnioso y falso.

No tengáis fe en todo lo que dicen los hombres, porque la palabra mentirosa es a menudo el resultado de los labios del hombre; el que confía en el calumniador que traen las malas historias, no tardará en encontrar que no le quedan parientes ni un solo amigo.

No reveles lo que está obligado por el secreto de la amistad, para que Dios no revele las cosas secretas que te conciernen.

Sea manso, humilde y humilde de espíritu, evitando siempre toda ira y calumnia; no ensucie a nadie con malas noticias; Sabed que el chismoso es a menudo el chismoso.

En cuanto a quien quisiera ser tu camarada, cuyo corazón está mal dispuesto, aléjate de él, mantente lejos, nunca te acerques a él; porque mientras guarda escondido y encubierto el bien que haces, se cuida de que todas tus faltas salgan a la luz.

El matón en todo momento odiará el bien y elegirá el mal, la rebelión y la contienda; como la mosca que busca la herida dolorida, evitando la mancha sana y sana.

El hombre que soporta el daño que le ha hecho su vecino, con el tiempo poseerá la casa de ese vecino y todas sus pertenencias. La mejor venganza que el hombre puede desear para vengarse de su enemigo es fortalecer en su interior todo lo que es bueno, y su recompensa morará con él.

Al odiar a tu prójimo, ¡qué pecados traen sobre ti tu boca y tu corazón! Arando, arando y sembrando odio, nada más que lamento cosecharás.

Ten cuidado y no trates a nadie con desprecio, ni dejes que sienta tu desprecio; una mosca diminuta puede asfixiar a un hombre, después de haberlo agarrado por la garganta.

Quien de un compañero malvado se mantenga alejado, su Roca de Salvación seguramente lo *contemplará* * y por eso nunca debe temer la lengua del calumniador.*["He aquí" = 15, el número de líneas en esta sección.]*

Sobre las visitas a amigos y enfermos, y sobre las molestias al visitar

El que no visita a su íntimo amigo, violenta su alma; pero aquel cuya visita aburrida es un lamento pesado, se encontrará con confusión, insulto y vergüenza.

Visite, pero rara vez, el apego crecerá; de visitas demasiado frecuentes surgirá un alejamiento.

No dejes que una milla sea el estilo proverbial, cuando debas visitar a los afligidos y enfermos; Que dos millas sean como nada, cuando se busca como pacificador, para hacer cesar la contienda y la disensión entre los hombres.

No visites a tus amigos en todo momento y a todas horas, pero aparta tu pie de su morada; ¡Mira, cuánto anhelan los hombres las lluvias torrenciales, cuando por un tiempo se mantienen alejados de la tierra!

Cuando un aburrido vino una vez a visitar a un amigo, prolongando su estadía en exceso, el paciente comentó: "Si tienes negocios que hacer, entonces dilo, ¡date prisa! ¡Terminemos con el asunto! has venido a reclamar, luego hablas de la deuda. ¿Cuánto debo? Te lo daré: ¡tómalo y vete! "

Oh estúpido, si se te aconseja para tu bien, te ruego que no visites más a los enfermos; para peor, mucho peor que la enfermedad misma, son las visitas que te hacen aburrir.

Una vez le preguntaron a un paciente: "¿Qué te pasa?" Y él respondió de inmediato: "Mi voluntad, que es obstinada y pecaminosa". Entonces le dijeron: "¿Cuál es el deseo que pedirías ahora?" Y él respondió y dijo: "Mi único deseo es que el cielo me perdone mis pecados". Nuevamente preguntaron: "¿Vamos a buscar al médico?" Y él respondió y dijo: "Fue él quien me enfermó". Continuaron y dijeron: "¿Les damos un poco de gusto?" Y su respuesta fue entonces: "Estoy harto de toda comida".

Para evitar el aburrimiento de su círculo de amigos, tenga poco que ver con él, no le preste oído.

Como saborear los excrementos del panal, es el placer de cenar con los amigos; cenar con hombres que te odian es tan malo como la fiebre y la sarna.

Cuando veas a dos en estrecha conversación, retírate rápidamente y reprime; no te impongas en su presencia.

El mundo se enferma de la sociedad de aquellos que nunca dejan de parlotear.

Un rey, para deshacerse del aburrimiento que odiaba, pensó en este hermoso dispositivo: les ordenó que inscribieran en el sello que llevaba estas palabras que sin rodeos le decían lo que pensaba: "¿No puedes ver que eres un gran aburrimiento? aburrido, levántate y vete! " Y este anillo lo giraba una y otra vez, hasta que el orificio se elevaba y se apagaba.

¿No está escrito en los capítulos octavo y noveno de Medical Lore, que, como fiebre cuaternaria, es la visita de los pesados y aburridos?

Cuando un hombre aburrido te visita en un momento u otro y, charlando estúpidamente sobre una multitud de cosas, se repite en su charla, entonces hazte sordo y finge ser ciego, actúa como si hubieras perdido el uso de tus pies. , y como si tu boca, en rebelión, hubiera resuelto no hablar.

Visite a un amigo, visite a los enfermos; pero, rezar, dejar tú desde visitante en todo, si te es necesario que haya *pesado* * y sin brillo.*["Heavy" = 31, el número de líneas en esta sección.]*

Último capítulo del libro; Colección de Máximas

Ante el tirano o el gobernante no derrames tus lágrimas, porque no solo él se burlará de ti, sino que también te despreciará; así que al hombre sin problemas no le reveles tu dolor, te mirará con recelo, o ni siquiera te mirará.

Esté preparado para buscar el consejo de todos, ya sean jóvenes o mayores; a veces, puedes pensar que es bueno seguir los consejos de un patán.

Reside en el lugar donde habitaron tus padres, y establece tu morada en su antigua morada; hay un lugar en el mundo para todos los que lo habitan; Incluso el pájaro se anida mejor en su propio nido favorito.

A una mujer, un secreto que nunca debes revelar, no sea que por tus dolores te traiga burla; si valoras mucho la vida que es tuya, no bebas el veneno, es una prueba demasiado grande.

El que confía sus posesiones a su hijo oa su esposa, seguramente llegará a la mendicidad, habiendo llegado primero a la vergüenza.

El que reprende al que se niega a recibir buenos consejos, el que habla a los corazones cerrados, es como el que canta un cántico a los muertos o clama en oración a las sombras.

El hombre sensato necesita pocas palabras con las que pueda beneficiarse y ser corregido; entendiendo bien, verá el propósito de las cosas; los fijará en lo profundo de su corazón y los tomará de un extremo a otro.

El hombre que siempre ríe es un necio, y para su necedad no hay cura ni alivio; en el momento en que muestra los dientes, pierde su dignidad y honor.

Tómese un largo tiempo para tomar una decisión, y entonces sus acciones serán perfectamente sólidas; porque la fruta del huerto que tarda en aparecer siempre será más dulce y mucho más madura.

No gastes tu fuerza, oh sabio, en el intento de vencer al impío; pero siendo fuerte y atrevido, oponga un frente audaz; porque muchas veces en su red el vencedor caerá, y el conquistado verdaderamente será nombrado vencedor.

Al hablar, un hombre estúpido enviará su lengua antes de su sentido común; pero el hombre sensato controlará su lengua y dejará que la prudencia la retenga.

El necio en la maldad encuentra su diversión; por eso su razón viene tras su lengua; pero el hombre sensato demora sus palabras, y no comienza la materia hasta que la ha comprendido.

El que promete un don de día en día, enferma el corazón con la esperanza diferida; como las nubes que descienden, que pasan sin lluvia, cubren de tinieblas la faz de la tierra.

Si tu alma tendrá plenitud, y la pobreza temes, entonces da la vuelta, y toma consejo, y muéstrate verdaderamente sabio: de la comida toma menos, y huye debidamente del vicio de la glotonería; ¡Cuán poca carne para la gente adecuada será suficiente! Demasiadas esposas, en segundo lugar, asegúrate de evitar, y mantente en guardia, no sea que peques, y tu fuerza da a los extraños. Siempre que tu alma desee alcanzar algún objetivo, piensa, ¿no es el precio que pagas por él demasiado alto y caro? Seguramente es mucho mejor dejar tus riquezas a tus enemigos, que gastar imprudentemente todo lo que tienes para mendigar fríamente la caridad de los ricos.

Cuando la buena fortuna aguarda al hombre, las mismas piedras del camino le darán bedelio y oro; y si está destinado a triunfar, la rama seca florecerá en su mano; ten por seguro y cree que el día que siembra, brotarán y brotarán ramas hermosas.

Si escuchas el consejo, resplandecerás y tu alma estará tranquila *consigo misma,* * encontrando el favor de todos.*["Con ella misma" = 35, el número de líneas en esta sección.]*

Terminado con la ayuda de Dios. Bendito sea el que da fuerzas al cansado, y al que no tiene fuerzas, aumenta las fuerzas.

Manufactured by Amazon.ca
Bolton, ON